Anonymous

Moralisches Gespräch zum Gebrauch der adelichen Jugend

Anonymous

Moralisches Gespräch zum Gebrauch der adelichen Jugend

ISBN/EAN: 9783743635364

Hergestellt in Europa, USA, Kanada, Australien, Japan

Cover: Foto ©Paul-Georg Meister /pixelio.de

Weitere Bücher finden Sie auf **www.hansebooks.com**

Moralisches Gespräch

zum Gebrauch

der

adelichen Jugend.

Aus dem Französischen übersetzt.

Berlin,
gedruckt bey G. J. Decker, Königl. Hofbuchdrucker.
1770.

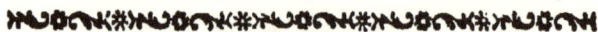

Moralisches Gespräch

zum

Gebrauch der adelichen Jugend.

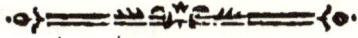

Frage.

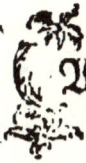 Was ist die Tugend?

Antwort.

Sie ist eine glückliche Neigung der
Seele, die uns antreibt, die Pflichten der

A 2　　　　Ge-

Gefellſchaft zu unſerm eigenen Beſten zu
erfüllen.

Fr. Worinn beſtehen die Pflichten
der Geſellſchaft?

Antw. In dem Gehorſam, in der
Erkenntlichkeit, die wir unſern Aeltern
wegen der Sorge für unſre Erziehung
ſchuldig ſind; in der Willfährigkeit ihnen
nach allem unſerm Vermögen beyzuſtehen,
ihnen in ihrem hinfälligen Alter durch unſre
zärtliche Sorgfalt eben die Hülfe zu leiſten,
die ſie uns in unſerer ſchwachen Kindheit
geleiſtet haben. Gegen unſere Geſchwiſter
erinnern uns die Triebe der Natur und des
Blutes, ihnen getreu und zugethan zu

ſeyn,

seyn, als solchen, die mit uns gleichen Ur-
sprung haben, und mit denen wir durch
die unauflöslichsten Bande der Menschheit
verknüpft sind. Der Stand eines Vaters
verbindet uns, unsre Kinder mit aller mög-
lichen Sorgfalt zu erziehen, und besonders
über die Verbesserung ihres Verstandes
und ihrer Sitten zu wachen, weil Tugend
und Erkenntnisse tausendmal mehr werth
sind, als alle Schätze, die man ihnen hinterlassen könnte. Der Stand eines Bürgers verbindet uns, die Gesellschaft überhaupt in Ehren zu halten, alle Menschen
als Geschöpfe von einer gleichen Gattung
zu betrachten, sie als Gefährten, als Brü-

A 3   der

der anzusehn, die uns die Natur gegeben
hat, und uns gegen sie so zu betragen, als
wir wünschen, daß sie sich gegen uns betragen möchten. Als Mitglieder des Vaterlandes müssen wir alle unsre Talente zu
seinem Nutzen anwenden, es aufrichtig
und als unsre gemeinschaftliche Mutter lie-
ben, und wenn es sein Vortheil erfodert,
ihm unser Gut und Leben aufopfern.

Fr. Dieses sind vortreffliche Grund-
sätze: es fragt sich jetzt, wie wollen Sie
diese Pflichten der Gesellschaft mit Ihrem
eigenen Nutzen vereinigen? Wird die kind-
liche Ehrfurcht, wird der Gehorsam gegen
Ihre Aeltern Ihnen nicht unerträglich fal-
len,

len, wenn er Sie nöthigt, dem Willen derselben nachzugeben?

Antw. Ohne Zweifel werde ich mir zuweilen Gewalt anthun müssen, wenn ich ihnen gehorchen soll. Kann ich aber wohl erkenntlich genug gegen diejenigen seyn, die mir das Leben gegeben haben? und sodert es nicht mein eigener Vortheil, daß ich meine Kinder durch mein Beyspiel aufmuntere mir nachzuahmen, und sich meinem Willen gleichfalls zu unterwerfen?

Fr. Ich kann Ihren Gründen nichts entgegen setzen, und habe Ihnen also über diesen Punkt nichts weiter zu sagen. Allein wie wollen Sie die Eintracht mit Ih-

A 4 ren

ren Brüdern und Schwestern erhalten,
wenn, wie es sich oft zuträgt, Familien-
sachen, Rechtsstreitigkeiten über eine Erb-
schaft sie trennen?

Antw. Halten Sie denn die Bande
der Blutsfreundschaft für so schwach, daß
sie einen geringen Vortheil nicht über-
wiegen sollten? Hat unser Vater ein Testament gemacht, so kömmt es uns zu, seinem letzten Willen Folge zu leisten. Ist
er ohne Testament gestorben, so haben wir
Gesetze, die unsern Streit entscheiden können: folglich kann mir nichts einen wichti-
gen Nachtheil zuziehen. Und wenn ich ja
von der Raserey des Neides und von ei-

nem

nem ränkeſüchtigen Geiſte beſeſſen wäre,
ſollte ich nicht ſo viel einſehen, daß wir
unſer Erbgut ſehr leicht durch unſere
Rechtshändel verzehren könnten? Ich
würde mich alſo in der Güte vergleichen,
und die Zwietracht ſollte unſre Familie kei-
nesweges zerrütten.

Fr. Ich will es glauben, daß Sie
vernünftig genug ſind, durch Ihre Schuld
keine Gelegenheit zu Mißverſtändniſſen in
Ihrer Familie zu geben: allein das Un-
recht kann von Seiten Ihrer Geſchwiſter
herkommen; dieſe können ſich übel gegen
Sie betragen, Ihnen nichts gönnen, un-
gebührlich von Ihnen reden, Ihnen Miß-

ver-

vergnügen verursachen, ja vielleicht auf
Ihren Untergang bedacht seyn. Wie wollen Sie alsdann die Strenge Ihrer Pflicht
mit den Vortheilen Ihres Glückes vereinigen?

Antw. Sobald ich die ersten Re-
gungen des Unwillens über ihre Aufführ-
rung unterdrückt haben werde, so werde
ich mir eine Ehre daraus machen, vielmehr
der beleidigte Theil als der Beleidiger zu
seyn. Hierauf werde ich mit ihnen reden,
ihnen sagen, daß, da ich in ihnen das
Blut meiner Aeltern verehrte, es mir un-
möglich wäre, mit ihnen wie mit offenbaren Feinden zu handeln; daß ich aber alle

Vor-

Vorſicht gebrauchen würde, um ſie zu
verhindern mir keinen Schaden zuzufü-
gen. Dieſes großmüthige Verfahren
könnte ſie vielleicht wieder zur Vernunft
zurück bringen; und ſollte dieſes nicht
geſchehen, ſo würde ich doch den Troſt
haben, mir keine Vorwürfe machen zu
dürfen. Und da ſich ein ſolches Betragen den Beyfall der Weiſen erwerben
muß: ſo würde ich mich für ſattſam be-
lohnt halten.

Fr. Wozu würde Ihnen dieſe Großmuth helfen?

Antw. Das zu erhalten, was mir
das Koſtbarſte auf der Welt iſt, eine un-
be-

befleckte Ehre, auf welcher meine ganze Glückseligkeit beruht.

Fr. Was finden Sie für ein Glück in der Meynung, die die Menschen von Ihnen haben?

Antw. Ich gründe mein Glück nicht auf die Meynungen anderer Menschen, sondern auf die unaussprechliche Zufriedenheit, die ich empfinde, daß ich eines vernünftigen, gütigen und wohlthätigen Wesens würdig bin.

Fr. Sie sagten vorhin, wenn Sie Kinder hätten, so würden Sie mehr dafür sorgen, sie tugendhaft zu machen, als ihnen Reichthümer zu sammeln: warum den-

denken Sie so wenig darauf, sie in glückliche Umstände zu setzen?

Antw. Weil die Reichthümer an
sich selbst keinen Werth haben, sondern
ihn nur durch den guten Gebrauch erhalten, den man von ihnen macht. Wenn
ich nur die Gemüthsgaben meiner Kinder anbaue, wenn ich sie zu guten Sitten
bilde, so wird ihr persönliches Verdienst
ihr Glück machen. Wenn ich hingegen
über ihre Erziehung nicht wachte, so würden sie, so groß auch die Güter wären, die
ich ihnen hinterlassen könnte, solche den-
noch gar bald verschwenden. Ueberdieß
wünsche ich, daß man meine Kinder wegen

gen ihres Herzens, ihrer Gesinnungen, ihrer Talente, ihrer Erkenntnisse, und nicht wegen ihres Reichthums hochachte.

Fr. Dieß muß allerdings der Gesellschaft sehr vortheilhaft seyn; allein was haben Sie selbst für Nutzen davon?

Antw. Einen sehr großen Nutzen. Meine wohlgesitteten Kinder werden der Trost meines Alters seyn, sie werden weder meinen Namen noch den Namen ihrer Vorältern durch eine üble Aufführung verunehren; und da sie klug und weise sind, so wird das Vermögen, was ich ihnen hinterlassen kann, mit Hülse

ihrer

ihrer eigenen Talente, hinlänglich seyn
sie auf eine anständige Weise zu unter-
halten.

Fr. Sie glauben also nicht, daß ein
edler Stamm und berühmte Vorfahren die
Enkel der Mühe überheben könne, eigene
Verdienste zu haben?

Antw. Nicht im geringsten. Dieß
ist vielmehr eine Ermunterung sie noch zu
übertreffen; weil nichts schimpflicher ist,
als seinen Stamm ausarten zu lassen. In
diesem Falle dient der Glanz der Ahnen
nicht sowohl ihre Nachkommen zu verherr-
lichen, als vielmehr ihre Schande zu be-
leuchten.

Fr. Ich

Fr. Ich muß Sie noch um eine Er-
klärung über Ihre Pflichten gegen die Gesellschaft fragen. Sie sagen, man müsse
andern nicht thun, was man nicht wolle,
daß sie uns thun sollen. Dieses ist zu un-
bestimmt. Ich wollte, daß Sie mir stück-
weise sagten, was Sie unter diesen Wor-
ten verstehn.

Antw. Das ist nicht schwer. Ich
darf nur alles durchgehn, was mir Vergnügen oder Mißvergnügen verursacht.
1) Würde es mich verdrießen, wenn man
mir mein Eigenthum entwendete: also
muß ich niemanden das Seinige entziehn.
2) Es würde mir unendlichen Kummer

ver-

verurſachen, wenn man mir meine Gat-
tinn verführte: alſo muß ich ſelbſt keines
andern Ehebett beflecken. 3) Diejenigen,
die mir keinen Glauben halten, oder die
einen falſchen Eid ſchwören, ſind mir ein
Gräuel: ich muß alſo mein Wort und
meinen Schwur unverbrüchlich halten.
4) Ich verabſcheue diejenigen, die mich in
üble Nachrede bringen: ich muß alſo niemanden verleumden. 5) Keine Privatper-
ſon hat ein Recht über mein Leben: folglich habe ich kein Recht. es irgend einem
andern zu nehmen. 6) Die mich mit Un-
dank belohnen erregen meinen Unwillen;
wie ſollte ich alſo wohl gegen meine Wohl-

B   thäter

thäter undankbar seyn? 7) Wenn ich
selbst die Ruhe liebe, so werde ich keines
andern Ruhe stören. 8) Wenn ich wünsche, daß man mir in meinen Bedürfnis-
sen beystehe, so werde ich meinen Beystand denen nicht versagen, die mich darum
ersuchen; weil ich weiß, was für ein Vergnügen es ist, eine gütige Seele, ein wohl-
thätiges Herz anzutreffen, welches mit der
Noth der Menschheit Mitleiden hat, und
den Unglücklichen Hülfe leistet, sie verthei-
digt, sie errettet.

Fr. Ich sehe, daß Sie alles dieses
für die Gesellschaft thun: was kömmt Ihnen aber selbst davon zu Gute?

Antw.

Antw. Die angenehme Befriedigung, daß ich so bin, wie ich zu seyn wünschte: würdig, Freunde zu haben, würdig, den Beyfall meiner Mitbürger zu erhalten, würdig meines eigenen Beyfalls.

Fr. Wenn Sie sich so betragen, werden Sie nicht allen Ihren Leidenschaften entsagen müssen?

Antw. Ich werde ihnen nur nicht den Zügel schießen lassen; und wenn ich sie zähme, so geschieht es zu meinem eigenen Vortheil, nehmlich die Gesetze aufrecht zu erhalten, die den Schwächern vor der Unterdrückung des Stärckern schützen; es geschieht, meinen Namen unbefleckt zu er-

B 2   hal-

halten, und die Strafe zu vermeiden, wel=
che die Gesetze den Uebertretern auflegen.

Fr. Es ist wahr, daß die Gesetze die
öffentlichen Verbrechen bestrafen: allein wie
viel böse Handlungen giebt es nicht, die in
Nacht und Nebel gehüllt sind und sich dem
durchdringenden Auge der Gerechtigkeit
entziehn? Warum wollten Sie nicht auch
einer von diesen glücklichen Lasterhaften
seyn, die ihrer Verbrechen ungestraft ge-
nießen können? Wenn sich eine heimliche
Gelegenheit zeigte sich zu bereichern, wür=
den Sie solche aus den Händen lassen?

Antw. Wenn die Mittel, wodurch
ich einiges Vermögen erlangen könnte,

un=

unſchuldig wären, ſo würde ich ſie gewiß
nicht fahren laſſen; wären ſie aber unred-
lich, ſo würde ich ſie den Augenblick ver-
werfen.

Fr. Warum?

Antw. Weil nichts ſo verborgen iſt,
was nicht endlich ans Licht kömmt; die
Zeit entdeckt die Wahrheit früh oder
ſpät. Uebel erworbene Güter würde ich
mit Zittern beſitzen, und mein Leben in
der grauſamen Erwartung zubringen, irgend ein unglücklicher Augenblick werde meine Schande aufdecken, und mich
auf ewig vor den Augen der Welt verunehren.

B 3   Fr.

Fr. Die Sittenlehre der großen
Welt ist nicht so sehr eingeschränkt; und
wenn man untersuchen wollte, mit wel-
chem Recht ein jeder seine Güter besitzt,
was für Ungerechtigkeiten, was für Betrug, was für Treulosigkeit würde man
nicht entdecken! Sollten Sie dergleichen
Beyspiele nicht zur Nachfolge reizen?

Antw. Diese Beyspiele würden nur
machen, daß ich über die Verkehrtheit der
Menschen seufzen müßte. Und so wie mir
ein Bucklichter oder ein Blinder keine Lust
macht, an seiner Stelle zu seyn, eben so
halte ich es einer tugendhaften Seele für
unanständig, wenn sie sich so weit er-
niedrigt,

niedrigt, daß sie sich das Laster zum Vor-
bilde nimmt.

Fr. Indessen giebt es doch Laster,
die verborgen bleiben.

Antw. Ich gebe es zu; aber die
Verbrecher sind darum nicht glücklicher:
sie werden, wie ich Ihnen bereits gesagt
habe, von der Furcht entdeckt zu werden
und von heftigen Gewissensbissen gefoltert.
Sie fühlen, daß sie die Rolle der Betrüger
spielen, daß sie ihre Bubenstücke mit der Lar-
ve der Tugend bedecken; ihr Herz verwirft
die Hochachtung, die man ihnen bezeugt,
und sie verdammen sich heimlich selbst zu der
äußersten Verachtung, die sie verdienen.

Fr.

Fr. Ich möchte wohl wiſſen, ob Sie
dergleichen Betrachtungen machen würden, wenn Sie ſich in eben dem Falle be-
fänden.

Antw. Könnte ich wohl die Stim-
me der Reue und des ſtrafenden Gewiſſens
erſticken? Dieſes Gewiſſen iſt wie ein rei-
ner Spiegel: es zeigt uns alle unſre Häß-
lichkeiten, ſobald unſre Leidenſchaften in
Ruhe ſind. Ich habe mich in dieſem
Spiegel unſchuldig geſehn, und ich ſollte
mich nunmehr ſtrafbar darinn erblicken?
Ach! ich ſollte meinen eigenen Augen ein
Abſcheu ſeyn? Nein, nimmermehr werde
ich mich mit meinem Willen dieſer Er-

niedri-

niedrigung, diesem Schmerz, dieser Mar:
ter unterwerfen.

Fr. Es giebt indessen doch Berau:
bungen und Erpressungen, die der Krieg
zu billigen scheint:

Antw. Der Krieg ist ein Stand
für Leute von Ehre, wenn nehmlich Bür:
ger ihr Leben zum Dienste ihres Vater:
landes wagen; allein sobald sich niedri:
ger Eigennutz darunter mischt, so artet
dieses edle Geschäfft in bloße Raubsucht
aus.

Fr. Nun wohl! wenn Sie nicht ei:
gennützig sind, so werden Sie zum wenig:
sten Ehrgeiz besitzen, Sie werden sich em:

B 5   por

vor schwingen, Sie werden Ihres Gleichen befehlen wollen.

Antw. Ich unterscheide den Ehrgeiz von der edeln Nacheiferung. Die er-
stere Leidenschaft ist zur Ausschweifung ge-
neigt, und gränzt nahe an das Laster;
die Nacheiferung aber ist eine Tugend, um
die wir uns bewerben müssen. Ohne die
geringste Mißgunst treibt sie uns an,
unsre Mitgesellen zu übertreffen, dadurch
daß wir besser als sie unsere Pflichten
erfüllen; sie ist die Seele der schönsten so
wohl bürgerlichen als kriegerischen Handlungen; sie will glänzen, aber sie will ihren Glanz nur der Tugend, verbunden

mit

mit der Erhabenheit der Talente, zu dan-
ken haben.

Fr. Allein wenn ein böser Dienst,
den ich jemanden erzeige, ein Mittel wäre
zu einer hohen Ehrenstelle zu gelangen,
würden Sie diesen Weg nicht weit kürzer
finden?.

Antw. Die Ehrenstelle könnte mich
reizen, ich gestehe es; indessen möchte ich
doch niemals ein Mörder werden, um sie
zu erhalten.

Fr. Was nennen Sie denn ein Mörder werden?.

Antw. Einen Menschen ermorden
ist für den getödteten ein kleineres Uebel,

als

als ihn verleumden. Ob ich ihn mit dem Dolche oder mit der Zunge ermorde, das ist einerley.

Fr. Ich sehe also, Sie würden niemanden verleumden. Indessen kann es sich doch zutragen, daß Sie, ohne ein Mörder zu seyn, jemanden umbringen. Nicht, daß ich Sie für fähig hielte, bey kaltem Blute einen Mord zu begehn, sondern der Fall ist: Wenn einer von Ihres Gleichen sich für Ihren offenbaren Feind erklärt und Sie verfolgt, wenn ein unverschämter Mensch Sie beleidigt und beschimpft, so wird Sie der Zorn übernehmen, und die Süßigkeit der Rache wird

Sie

Sie anreizen, eine gewaltsame That zu begehn.

Antw. Das sollte billig nicht geschehn. Allein ich bin ein Mensch, ich bin mit heftigen Leidenschaften geboren, ich werde ohne Zweifel einen schweren Kampf auszustehen haben, die ersten Bewegungen des Zorns zu unterdrücken: und doch sollte ich sie von Rechts wegen überwinden. Den Gesetzen allein kömmt es zu, die Beleidigungen zu rächen, die man Privatpersonen anthut; kein Mensch, der ein einzelnes Mitglied der Gesellschaft ist, hat das Recht diejenigen zu strafen, die ihn beleidigen. Allein wenn zum Unglück die ersten

Auf-

Aufwallungen des Bluts über meine Vernunft siegen sollten, so würde meine Reue darüber so lange dauern, als mein Leben.

Fr. Wie wollen Sie, da Sie den Kriegesstand erwählt haben, diese Aufführung mit demjenigen zusammenreimen, was die Ehre einem Manne von Stande vorschreibt? Sie wissen, daß unglücklicher Weise in allen Ländern die Gesetze der Ehre den bürgerlichen Gesetzen gerade entgegen stehn.

Antw. Mein Vorsatz ist, eine kluge und regelmäßige Aufführung zu beobachten, damit ich keine Gelegenheit zu Händeln gebe; und wenn man mir, ohne mein

Ver-

Verſchulden, dergleichen macht, ſo werde
ich gezwungen ſeyn, der eingeführten Ge-
wohnheit zu folgen, und werde, was auch
daraus herkommen mag, meine Hände in
Unſchuld waſchen.

Fr. Weil wir auf die Materie von
der Ehre gekommen ſind, ſo erklären Sie
mir doch, worinn ſolche, Ihrer Meynung
nach, beſteht.

Antw. Die Ehre beſteht darinn, daß
man alles vermeidet, was uns verächtlich
machen kann, und alle erlaubten Mittel an-
wendet einen guten Namen zu erhalten.

Fr. Was macht einen Menſchen
verächtlich?

                                    Antw.

Antw. Faulheit, Unmäßigkeit, Thor-
heit, Feigherzigkeit, Unwissenheit, schlechte
Lebensart, und alle Laster überhaupt.

Fr. Was erwirbt uns einen guten
Namen?

Antw. Rechtschaffenheit, Aufrich-
tigkeit, Kenntnisse, Fleiß, Wachsamkeit,
Muth, edele bürgerliche so wohl als krie-
gerische Handlungen, mit einem Wort,
alles was einen Menschen über die menschlichen Schwachheiten erhebt.

Fr. Sie erwähnen der menschlichen
Schwachheiten: Sie sind jung und in einem Alter, worinn die Leidenschaften am
feurigsten sind. Wenn Sie gleich der
Hab-

Habsucht, dem übermäßigen Ehrgeiz und
der Rachbegierde widerstehn, so dünkt
mich doch, ich sehe Sie schon von den
Reizen eines bezaubernden Geschlechtes ge-
troffen, das auf die einnehmendste Weise
verwundet, und seine vergifteten Pfeile so
tief ins Herz drückt, daß die Vernunft
darüber verloren geht. Ach! wie beklage
ich schon im voraus den Ehemann, dessen
Frau Sie dereinst fesseln wird!

Antw. Ich bin jung, ich bin
Swachheiten unterworfen, ich gestehe es:
indessen kenne ich meine Pflichten; und
mich dünkt ein junger Mensch könne, ohne
die Ruhe der Familien zu stören, und ohne

C   Ge-

Gewaltthätigkeiten zu begehn, durch weit unschuldigere Mittel seine Leidenschaften befriedigen.

Fr. Ich verstehe Sie. Sie zielen auf den Ausspruch des Porcius Kato, der einen jungen Patricier von einer Buhlerinn herauskommen sahe, und ausrief: Das freut mich! wenn du es so machst, so wirst du die Ruhe der Familien nicht stören. Indessen ist dieses Hülfsmittel erstaunlichen Unbequemlichkeiten ausgesetzt, und ein Verführer des Frauenzimmers.....

Antw. Ich werde es niemals verführen, weil ich weder jemanden betrügen, noch meyneidig werden mag. Betrug

trug gehört für einen Ehrlosen, Meyneid
für einen Bösewicht.

Fr. Wenn es aber Ihr Nußen erfodert?

Antw. Der eine Nußen würde
auf diese Weise dem andern entgegen
stehn; denn wenn ich mein Wort nicht
halte, so darf ich mich nicht beklagen,
wenn man es auch mir nicht hält; und
wenn ich mit Eiden spiele, so kann ich
mich auf keines andern Eid verlaf-
fen.

Fr. Wenn Sie indeffen der Vor-
schrift des Kato folgen wollen, so werden
Sie sich andern Zufällen ausseßen.

C 2   Antw.

Antw. Ein jeder Mensch, der sich seinen Leidenschaften überläßt, ist ein verlorner Mensch. Ich habe mir zur Regel meines Lebens vorgeschrieben: Gebrauche, aber mißbrauche nie.

Fr. Das ist sehr weislich gehandelt. Sind Sie aber sicher, diese Regel niemals zu übertreten?

Antw. Die Liebe zu meiner Selbsterhaltung verbindet mich für meine Gesundheit zu wachen. Ich weiß, daß sie durch nichts so sehr geschwächt wird, als durch Unmäßigkeit in der Liebe: ich muß also auf meiner Hut stehen, um meine Kräfte nicht zu erschöpfen und mir keine

ver-

verdrießlichen Krankheiten zuzuziehn, die
meine blühende Jugend hinfällig, siech
und elend machen würden. Ich würde
mir den grausamen Vorwurf zu machen
haben, daß ich ein Selbstmörder gewesen
wäre. Wenn mich also der Reiz der Wohl-
lust an sich zieht, so hält mich der Vortheil der Selbsterhaltung wieder zurück.

Fr. Ich habe auf diese Gründe
nichts zu antworten. Wenn Sie aber so
strenge gegen sich selbst sind, so werden
Sie ohne Zweifel sehr hart gegen andre
seyn.

Antw. Ich bin nicht strenge gegen
mich, ich handle nur vernünftig: ich ver-

sage

sage mir Sachen, die meiner Gesundheit,
meinem guten Namen, und meiner Ehre
nachtheilig sind; und weit entfernt daß ich
unempfindlich seyn sollte, habe ich vielmehr ein herzliches Mitleiden mit allen
Unfällen, die meines Gleichen betreffen.
Ja, ich begnüge mich nicht damit, sondern ich suche ihnen auch zu helfen, ihnen
alle Dienste zu leisten, die von mir abhan-
gen, dadurch daß ich ihnen in ihrem
Mangel mit meinem Vermögen beystehe,
oder bey verwirrten Umständen ihnen einen guten Rath ertheile, oder ihre Un-
schuld ans Licht bringe, im Fall sie ver-
leumdet werden, oder sie aufs beste zu
empfeh-

empfehlen ſuche, wann ſich eine Gelegenheit dazu darbietet.

Fr. Wenn Sie viel Almoſen geben, ſo müſſen Sie Ihr Vermögen nothwendig erſchöpfen.

Antw. Ich gebe ſo viel meine Mittel erlauben. Dieſes iſt ein Kapital, das hundertfältige Zinſen trägt, wegen des empfindlichen Vergnügens, das man genießt, wenn man dem Unglücklichen ſein Elend erleichtert.

Fr. Man wagt aber noch weit mehr, wenn man ſich zum Vertheidiger der Unterdrückten aufwirft.

Antw. Sollte ich wohl die Unſchuld verfolgt ſehen, ohne ihr beyzuſtehn? Wenn

C 4

ich

ich die Falschheit einer Anklage weiß,
wenn ich zum Zeugen dawider dienen
kann, sollte ich wohl die Wahrheit verheh-
len, anstatt sie zu entdecken? Sollte ich
wohl aus Unempfindlichkeit oder Schwach-
heit allen Pflichten eines ehrlichen Mannes entsagen?

Fr. Indessen ist es doch, nach dem
Laufe der Welt, nicht allemal gut, die
Wahrheit zu sagen.

Antw. Gemeiniglich wird die Wahrheit nur durch die harte Art verhaßt gemacht, mit der man sie sagt; wenn man
sie aber bescheiden und ohne Stolz vor-
trägt, so wird sie selten eine üble Aufnah-
me

nte finden. Kurz, ich fühle, daß ich Beystand und Vertheidigung bedarf: von wem
könnte ich alſo dergleichen Dienſte verlan-
gen; wenn ich ſie nicht ſelbſt zu leiſten wil-
lig wäre?

Fr. Wenn man den Menſchen dient,
ſo erzeigt man ſeine Dienſte mehrentheils
Undankbaren: was werden Ihnen alſo
Ihre Bemühungen helfen?

Antw. Undankbare zu machen iſt
gut, aber es ſelbſt zu ſeyn iſt ſchänd-
lich.

Fr. Die Dankbarkeit iſt eine ſchwere
und oftmals eine unerträgliche Laſt; einer
Wohlthat kann man ſich nimmermehr ent-

ledi-

ledigen. Finden Sie es nicht hart, diese
Last Zeit Lebens zu tragen?

Antw. Nein, weil dieses Andenken
mir allezeit die guten Handlungen meiner
Freunde vor Augen stellt. Die Erinne-
rung ihres edeln Betragens ist bey mir
von langer Dauer, ich habe nur ein kurzes
Gedächtniß in Ansehung der Beleidigungen. Es giebt keine Tugend ohne Dankbarkeit, sie ist die Seele der Freund-
schaft, dieses Trostes, dieser süßesten Be-
ruhigung unsers Lebens; sie ist das Band,
das uns an unsre Verwandten, an unser
Vaterland, an unsre Wohlthäter knüpft.
Nein, ich werde nimmermehr die Gesell-

schaft

schaft vergessen, in der ich geboren bin,
die Brust, die mich gesäugt, den Vater,
der mich erzogen, den Weisen, der mich
unterrichtet, den Mund, der mich ver-
theidigt, den Arm, der mich errettet hat.

Fr. Ich bekenne, daß die Dienste,
die man Ihnen geleistet hat, Ihnen nützlich gewesen sind: allein welchen Vortheil
haben Sie von der Dankbarkeit?

Antw. Den größten unter allen:
weil ich mir dadurch Freunde in der Noth
erwerbe; weil ich durch meine Erkenntlichkeit verdiene, daß mir wohlthätige Herzen
Beystand leisten, (indem doch kein Mensch
ohne die Hülfe anderer leben kann, und

sich

sich folglich derselben würdig machen muß;) und endlich weil die Welt die Undankbaren verabscheut, sie als Störer der sanftesten Bande der menschlichen Gesellschaft ansieht, welche alle Freundschaften gefährlich, alle guten Dienstleistungen denen schädlich machen, die sie erzeigen, und mit einem Wort, welche Gutes mit Bösem vergelten. Man muß ein unempfindliches, ein verkehrtes, ein grausames Herz haben, um undankbar zu seyn. Sollte ich einer solchen schwarzen Bosheit fähig seyn? Sollte ich mich der Gesellschaft ehrliebender Leute unwürdig machen? Sollte ich wider den geheimen Naturtrieb handeln,

der

der mir aus dem Innersten meines Her=
zens zuruft: Sey nicht geringer, als deine
Wohlthäter! vergilt ihnen, wenn es mög=
lich ist, die Dienste hundertfach, die du
von ihrer Großmuth erhalten hast! —
Ach! ehe mag der Tod meinem Leben ein
Ende machen, ehe ich es mit einer solchen
Schande beflecke. Wenn ich fröhlich und
vergnügt seyn soll, so muß ich mit mir
selbst zufrieden seyn, ich muß, wenn ich
am Ende eines jeden Tages meine Hand=
lungen überdenke, etwas finden, was mei=
ner Eigenliebe schmeichelt, und nicht, was
sie erniedriget. Je mehr ich Spuren der
Gerechtigkeit, der Großmuth, der Dank=
bar=

barkeit, Spuren einer edeln und erhabe-
nen Seele bey mir antreffe, je zufriedener
bin ich.

Fr. Allein Sie dehnen diese Dankbarkeit auf das Vaterland aus: was sind
Sie diesem denn schuldig?

Antw. Alles: meine geringen Fä-
higkeiten, meine Bemühungen, meine
Liebe, mein Leben.

Fr. Es ist wahr, daß die Liebe des
Vaterlandes in Griechenland so wohl als
in Rom die herrlichsten Thaten hervorge-
bracht hat. Vermöge dieses Grundsatzes
und so lange man die Gesetze Lykurgs
beobachtete, erhielt sich Sparta bey der

Ober-

Oberherrschaft. Es war eine Folge dieser unveränderlichen Neigung zum Vaterlande, daß die Römische Republik sich zur Königinn der Welt machte. Allein wie wollen Sie Ihren Nutzen mit dem Nutzen des Vaterlandes vereinigen?

Antw. Er läßt sich sehr leicht vereinigen. Eine jede gute Handlung führt ihre Belohnung bey sich. Was ich an meinem Nutzen aufopfere, das gewinne ich an meiner Ehre wieder; und das Vaterland, diese gütige Mutter, findet sich überdieß genöthiget, die Dienste zu vergelten, die man ihm erzeigt.

Fr. Worinn können diese Dienste wohl bestehn?

Antw.

Antw. Sie sind unzählbar. Man
kann seinem Vaterlande nützlich seyn, wenn
man seine Kinder nach den Grundsätzen eines guten Bürgers und rechtschaffenen
Mannes erzieht; wenn man auf seinen
Ländereyen den Ackerbau verbessert; wenn
man die Gerechtigkeit unparteyisch hand-
habet; wenn man die öffentlichen Gelder
uneigennützig verwaltet; wenn man sein
Weltalter durch seine Tugenden und Ein-
sichten zu erleuchten sucht; wenn man aus
Empfindung für die Ehre den Kriegesstand
erwählt; wenn man der Weichlichkeit aus
Liebe zur Arbeitsamkeit, dem Eigennutz aus
Liebe zu einem guten Namen, dem Leben

aus

aus Liebe zum Nachruhm entsagt; wenn
man sich alle die Kenntniſſe erwirbt, die zu
der ſchweren Kunſt gehören, den Nutzen
ſeines Vaterlandes mit Gefahr ſeines Lebens zu vertheidigen. Dieſes ſind meine
Pflichten.

Fr. Das heißt ſich viel Sorge und
Mühe aufladen.

Antw. Das Vaterland verwirft die
Bürger, die ihm unnütz ſind; ſie ſind
ihm eine unerträgliche Laſt. Durch einen ſtillſchweigenden Vertrag muß ein
jedes Mitglied etwas zum Beſten der
großen Familie beytragen, die den Staat
ausmacht; und wie man in den Baum-

D   ſchu-

schulen die unfruchtbaren Zweige ausschnei-
det, eben so verwirft man die Ueppigen
und Nichtswürdigen, und die ganze Brut
von müßigen und mehrentheils verderbten
Leuten, die sich in sich selbst verschließen,
und damit zufrieden sind, daß sie Vortheil
von der Gesellschaft ziehn, ohne zum Vortheil der Gesellschaft etwas beyzutragen.
Was mich anbetrifft, so möchte ich, wenn
es mir gelingen wollte, lieber noch über die
Gränzen meiner Schuldigkeit hinausgehn.
Ein edler Wetteifer ermuntert mich großen
Beyspielen zu folgen. Warum urtheilen
Sie so schlecht von mir, mich für unfähig
zu Tugenden zu halten, wovon uns andre

Men-

Menſchen bereits die Muſter hinterlaſſen
haben? Bin ich nicht mit gleichen Werk-
zeugen der Sinne verſehn? Habe ich nicht
ein Herz, das gleicher Empfindungen fähig
iſt? Soll ich mein Zeitalter beſchimpfen,
und durch eine niederträchtige Aufführung
Urſache zu glauben geben, daß unſer Ge-
ſchlecht von den Tugenden ſeiner Vorfahren ausgeartet ſey? Und über das alles,
bin ich nicht ſterblich? weiß ich, wann
meine Laufbahn vollendet ſeyn wird? Und,
Tod gegen Tod gerechnet, iſt es nicht beſ-
ſer, daß mein letzter Augenblick mich mit
Ehre krönt, und meinen Namen bis an
das Ende der Zeiten verherrlicht, als wenn

ich

ich erblaſſe, nachdem ich ein dunkles und
müßiges Leben geführt habe, und ein
Raub von Krankheiten geweſen bin, die
grauſamer ſind, als die Pfeile der Feinde,
und alsdann im Grabe das Andenken meiner Perſon, meiner Handlungen und meines Namens mit mir zugleich verſcharre?
Ich will verdienen, daß man mich kennt,
ich will tugendhaft ſeyn, ich will meinem
Vaterlande dienen, ich will meinen kleinen
Winkel im Tempel der Ehre gleichfalls ein-
zunehmen ſuchen.

Fr. Wenn Sie ſo denken, ſo werden
Sie ihn ohne Zweifel einnehmen. Plato
hat geſagt, die letzte Leidenſchaft des Weiſen

sen sey die Liebe zur Ehre. Ich bin ent-
zückt Sie bey so guten Gesinnungen zu
sehn. Sie erkennen, daß das wahre
Glück des Menschen in der Tugend be-
steht: wenn Sie bey diesen edeln Gesinnungen verharren, so wird es Ihnen weder an Freunden bey Ihrem Leben, noch
an Ruhme nach Ihrem Tode fehlen.

www.ingramcontent.com/pod-product-compliance
Lightning Source LLC
Chambersburg PA
CBHW031801090426
42739CB00008B/1117